ホロコーストの現場を行く

ベウジェツ・ヘウムノ

大内田わこ

空から見たベウジェツ（博物館提供）

第3章　博物館・展示室案内　／79

第4章　絶滅拠点へウムノ　／103

写真・大内田わこ

プロローグ

ポーランドの村で

「ここで、この場所で、50万人ものユダヤ人が殺されたという事実をどうして見過ごすことができるでしょう。

ナチスは彼らを肉体的に殺しただけでなく、ユダヤ人がこの世に存在していたという事実をも消そうとしました。でも、その人たちすべてに名前があった。家族もあれば生活もあった。未来もあったのです。そのすべてが一瞬にして葬り去られた。

今となっては命を取り戻すことはできないけれど、人間が物のように扱われ、殺されたという事実を見過ごすわけにいかない。

ここで何があったのかはもとより、難しいことかもしれないけれど、犠牲者一人一人についても事実を明らかにして、記憶する。そ

トマシュ・ハネイコベウジェツ博物館長

して、それを伝える。それがここで生きる私たちの使命と考えています」

ベウジェツ博物館のトマシュ・ハネイコ館長はそう語った。

2017年7月26日、私は再度、ベウジェツ絶滅収容所跡、現同博物館を訪ねた。強い日差しが降り注ぐ、とてつもなく暑い日だった。

これから私が書こうとしているポーランドでのユダヤ人絶滅作戦。それは70年以上も前の第二次世界大戦中、ナチスドイツに侵略されていたポーランドで、ナチスによって行なわれた。ここベウジェツでは1年間に50万の人びとが命を絶たれた。

今日、ユダヤ人の虐殺といえば、同じポーランドのオシフェンチムにドイツが建てた、通称アウシュビッツと呼ばれる強制収容所での出来事が世界的に知られている。

日本からの同博物館への見学者も年年、増加していると聞く。だが、ユダヤ人の絶滅は同じポーランドの村で、それより前、すでに開始されていた。

ルブリン総督府の寒村、ベウジェツ、ソビブル、トレブリンカにつくられた絶滅収容所と、それに先駆けガス殺の実験場となったヘウムノが、その場所だった。

ただ殺すだけの施設

私が、それら記憶の場所へ足を踏み入れたのは2005年の夏のことだった。

ルブリンにあるマイダネク強制収容所跡・現博物館を訪ねた私に、学芸員のグゼゴシュ・プレヴィクさん（現副所長）が、その記憶の場所への案内を買って出たのだ。

彼はこう話した。

「ポーランドにはナチスがただユダヤ人を殺す、それだけのために建て、計画が終わったら事実を消すために、全てを取り壊した絶滅収容所があります。

彼らは、そこで200万人のユダヤ人を殺しました。このひどい歴史がいまだに広く知られていないのです。ぜひ、案内したい。一緒に来てください」

1942年5月、チェコで暗殺にあい、その後、死亡したSS（ナチス親衛隊）大将、ラインハルト・ハイドリヒの名前をとって、「ラインハルト作戦」と名付けられたこのユダヤ人虐殺計画は、

絶滅収容所関連略図

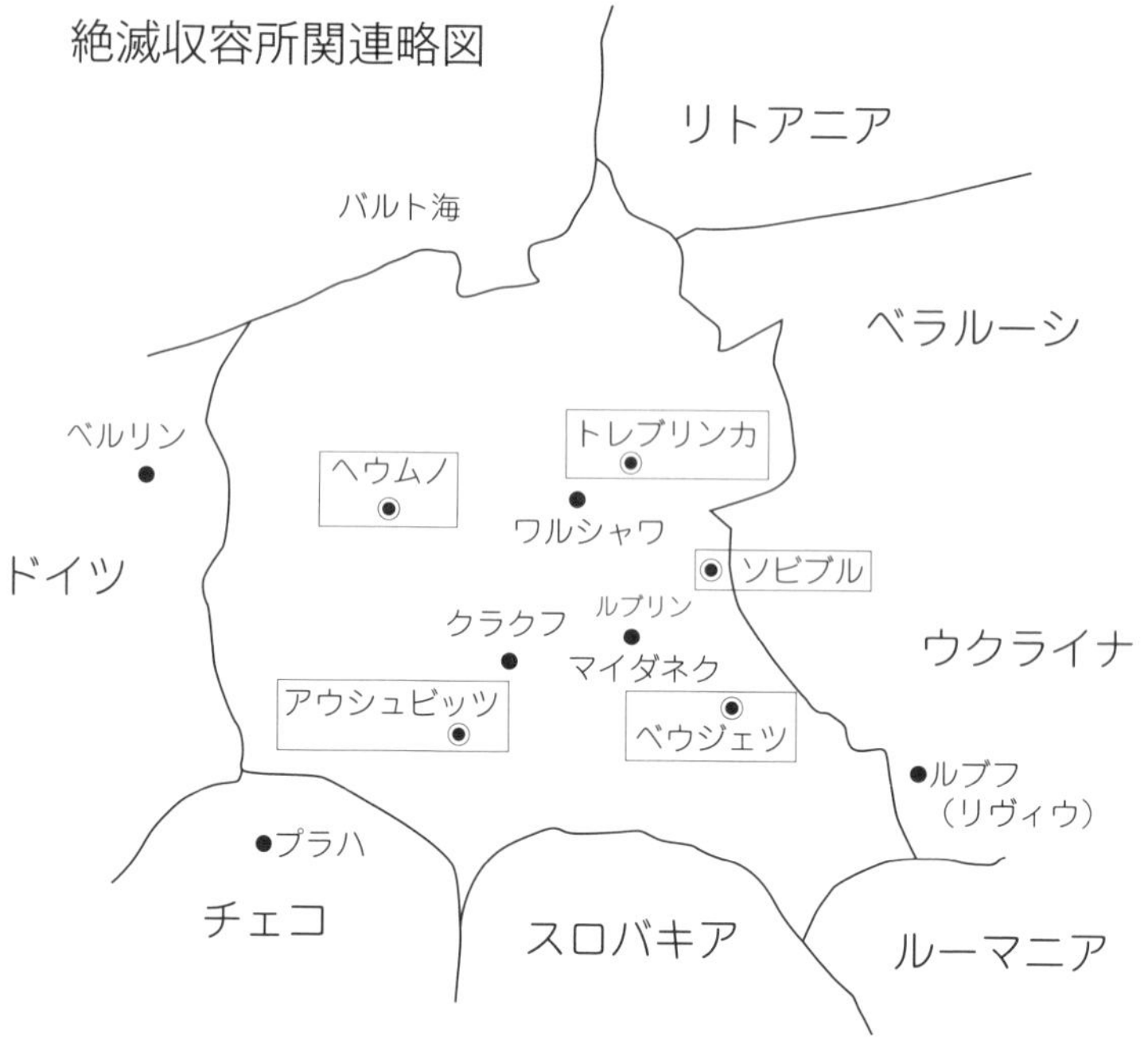

ヘウムノの慰霊碑

今は廃屋となったソビブル駅舎

トレブリンカのメイン・モニュメント

1942年の春から43年の秋にかけて実行された。

ナチスはこれら4つの場所で、合計200万人を超えるユダヤ人をガス殺した。計画を終えると施設すべてを破壊しつくし、更地にした跡地には樹木を植え、殺戮の跡をきれいに消し去った。

その場所にはアウシュビッツやマイダネク強制収容所跡で目にするような、収容者が暮らしたバラック跡や列車の引込み線、ガス室の跡など、当時の彼らの蛮行を告発するような光景はなかった。

深い森と鎮魂の石碑や墓標、モニュメント、そして、どこまでも高い空が広がっていた。静寂が支配する跡地には木木を揺する風の音だけが聞こえた。

でも、目をこらすと、ベウジェツの死体置き場だった豪の中には焼かれた人びとの灰があった。

ソビブルやトレブリンカの白樺林には、囚われ人の逃亡を防ぐために張り巡らされていた有刺鉄線が、赤く錆びてぶら下がっていた。そして、ヘウムノで、私がすくい上げた土には人骨が混じっていた。

犯罪者が消そうとしても消しきれなかった歴史の真実が、そこにはあった。ここで命を奪われた一人一人の姿が浮かび上がるような訪問だった。

なぜ、ユダヤ人というだけの理由で、こんな人里離れた場所まで運ばれ、命を奪われなければならなかったのか。

ヨーロッパのあちこちから、食べ物もトイレもない貨車に詰め込まれ、何日もかけて、殺されるために運ばれて来た人たち。どんなに生きたかったことだろう。理不尽にも命を奪われた犠牲者への思いがヒタヒタと押し寄せ、胸が張り裂けそうだった。

この人類史上、類を見ない絶滅計画は単なる偶然でも突発的な出来事でもなかった。ヒトラーという独裁者とその国家が、極めて巧妙に計画を立て推進した犯罪だった。

ヒトラーの意のもと、ヘルマン・ゲーリング、ハインリヒ・ヒムラー、ラインハルト・ハイドリヒなど、ナチ政権の中枢によって極秘裏のうちに進められた、この地の利を生かした作戦の実施を指揮したのは、ルブリンに本部を置く司令部だった。

3つの死の拠点は、ルブリン総督府とウクライナとの国境沿いを流れるブク川沿いにつくられた。

当時、総督府が置かれていたルブリンからそう遠くはなく、それぞれが鉄道の小駅に近い人里離れた森林地帯であった。この管内には当時、住民の90パーセントがユダヤ人という村があるなど、230万人以上のユダヤ人が生活していた。

ルブリン地区長官だったSS中将オディイロ・グロボチュニクは、1941年の秋に、率先して総督管内のユダヤ人大量虐殺についての計画案を作成。ヒトラーやヒムラーの承認を得て、実行に移したのだった。

ユダヤ人問題の最終的解決が話し合われたとされてきた、1942年1月のベルリン・ヴァンゼー会議が行なわれる前年のことだった。

第 1 章

ここで何があったのか

ベウジェツ博物館入口

最初の現場

ベウジェツは、ラインハルト作戦の最初の現場となった。ウクライナとの国境線までわずか17キロあまり。砂地の多い森林地帯で土地はやせ、松林に覆われていた。

戦前から使われてきたルブフ（現ウクライナのリヴィウ）と、ワルシャワを結ぶ鉄道が通り、小さな駅があった。古くから、森林から切り出した木材の積み出し用のホームとして使われていたのだ。

「路線があり、駅があり、荷物を出し入れできるスペースもある。国境沿いには死体処理のための壕も掘れる。まさにここは殺戮センターの建設には格好の場所だった。彼らは、そういう、地の利を熟知していたのです。論理的に考えて、ここと決められた、そういう場所であったのです」（ハネイコ館長）

収容所の建設作業は１９４１年11月１日から始まり、同年12月22日には終了している。

SSからの村への要請により建設作業に従事した一人、ポーランド人のスタニスワフ・コザクによれば、建設場所は駅の西南、ルブフ行きの線路に近い引き込み線に沿った場所だったという。

そこに3つのバラックを建てた。2つはここで働くユダヤ人(SSのもと、死体の処理などを行なう部隊)のためのものだった。

ナチスは収容所でドイツ人の下働きをする労働者として、移送者の中の屈強な若者を選抜した。彼らもまた使役が終わればガス殺される運命だった。ベウジェツでは「死のクルー」と呼ばれていた。

コザクの証言から、彼らが建設した3つ目がガス室だったと推測できる。

「……これらのバラックの隣りに、われわれは奥行きい一二メートル、間口八メートルの三つ目のバラックを建てた。

このバラックは木の内壁によって、それぞれ縦四メートル、横八メートル、高さ二メートルの三つの小部屋に仕切られていた。われわれは、このバラックの壁の内側に隔壁を打ちつけ、すきまを砂で満たした。

バラック内の仕切り壁はアスファルトで固めた厚紙でおおわれ、さらに床と、仕切り壁の高さ一・一〇メートルまでの部分にトタン板が張られた。

第二のバラックから幅二メートル、高さ二メートル、長さ一〇メートルの屋根付き廊下が一本伸びていて、第三のバラックにつながっていた。この廊下を通って第三のバラックの控えの間にはいるようになっていた。この控えの間には、それぞれの小部屋にはいるための扉が三つ開いていた。

扉はすべて外に向けて開くようになっていた。扉は厚さ三センチの板で非常に頑丈につくられており、内側からどんな圧力がかかっても大丈夫なように何本か横木をわたし、それを特別に工夫してある鉄の鈎に、二か所で固定するようになっていた」『ナチ強制・絶滅収容所』（マルセル・リュビー著・管野賢治訳・筑摩書房）

夏草の中に赤くさびたレールが

ガス殺の様子が外部にもれないように、いかに綿密な工夫が凝らされていたかが読み取れる。

よみがえる記憶

ベウジェッツは、ポーランド東部の交通の要衝ルブリンから南へ114キロ。現在、2700人あまりが住む村だ。

ただ、日本からこの場所を訪れるのは今でも容易ではない。首都ワルシャワから急行列車で3時間あまりかけてルブリンに出て、そこからローカル線に乗り換えるのだが、日本の鉄道同様ポーランドでも地方の公共交通機関は極めて脆弱だ。

昨年の夏、4年ぶりにソビブルを訪れて驚いたのは、そこへのすべての公共交通機関が廃止されていたことだった。そのためルブリンからタクシーで2時間余、深い森に分け入るように走るガタガタ道を行くしか方法はなかった。

ベウジェッツまでの鉄道はまだかろうじて通じてはいる。だが、列車の本数はきわめて少なく、今回もまたタクシーでひた走ることになった。

それでも自動車道路はかなり整備されていた。前にこの道を走った時には、採りたてのジャガイモや、農作業を終えた女性たちを乗せた荷馬車などが行き交っていたが、今はもう、そんなのんびりとした光景は見られず、結構な交通量だった。

ルブリンを出て2時間あまりして、駐車場らしき広場に着いた。記憶を辿りながら辺りを見回すと、白壁に、まるで血か涙がにじんだようなデザインのプレートが目に飛び込んできた。その向こうに、なだらかなスロープを描いて、追悼のモニュメントが見えた。

瞬間、あの時、ここで知った記憶のさまざまが生なましく、よみがえってきた。

ベウジェッツの駅舎は、当時も見ることが出来なかった。1944

年、ソ連軍が駅舎のすぐそばにあったSSの爆薬庫を爆撃。その余波で駅舎も全壊したため取り壊されてしまったていからだ。

夏草の中に横たわる赤くさびたレールをまたいで、博物館の門をくぐると、殺戮の跡が広がる。

縦275メートル横265メートルのほぼ正方形の跡地は、膨大な量の切り立った石で埋め尽くされ、なだらかなスロープを描いている。50万人の墓標だ。

四隅には監視塔、周りは当時同様、うっそうと茂る松林と有刺鉄線で囲まれている。他の収容所と比べてかなり狭い。それはここが、服を脱がす場所と、ガス室だけの本当に簡便な収容所だったことの証だ。

門を背にして、右側に数十本の大きな樫の木が青青とした葉を茂らせていた。この木木は、当時からこの場所に植えられていた唯一の、もの言わぬ証人だった。

ここで、76年前のわずか1年の間に、ただユダヤ人だというだけの理由で、何の罪もない50万に上る人びとが虐殺されるという、想像を絶する出来事が起きたのだった。

記録は、犠牲者がルブリン、クラコフ、ルブフなどポーランドのゲットーに住むユダヤ人のほか、ドイツ、オーストリア、チェコ、スロバキアなどから、はるばる何時間もかけて移送されて来たと記している。


ただ、そこには人びとの名前の記録はない。

SSは移送のための貨車に人びとを乗せる時、人数だけを数え名前は記録しなかった。目的地のSSは、貨車に書かれた人数で到着した人びとの数を数えた。それで辻つまが合えばオーケーだった。

彼らにはこれから殺す人びとに対する、それ以上の興味も関心もなかった。

ここで追及されたのは、いかに早く、短い時間で、大量の人を殺すことができるかだけだった。犠牲者は、初めから人間としての扱

もの言わぬ証人、樫の木

いを受けていなかった。

当時、収容所は大まかに言って、到着者を迎える第一区域と、ガス室が設置された木造バラックが建つ、いわゆる絶滅区域の2つに分けられていた。


「収容所全体が有刺鉄線の壁で囲われていました。有刺鉄線は外から、それと分からないように、松や樫の木などで巧妙なカムフラージュが施されていました。

貨車で運ばれて来た人びとは、労働へ行く前にシャワーを浴びるのだというウソの演説を聞かされ、持ってきた財産のすべてを奪われた後、身ぐるみ脱がされ、裸のままガス室に誘導されたのです。死体はあらかじめ用意されていた敷地内の壕になげこまれました」

移送の際、ユダヤ人は25キロまでの荷物の携帯を許された。

「誰でもそうでしょうが、彼らもあらゆるものの中から、自分が一番大事と思った物を持って来ました。家族の写真、ネックレスなどの貴金属品、いつも使っていたコップや、皿、なかには家財道具を売り払い、お金に変えて持って来た人もいました。

でも、それらすべてが没収され、命まで奪われた。そんな非情なことがここで起きたことなのです」（館長）

たった5人の1人

殺戮の跡地は計画の終了後、殺人者の手で消し去られ、出来事は闇から闇へと葬られるはずであった。

だが、ここでの戦慄の体験を今日に残した人がいた。ベウジェツ50万人の犠牲者の中で、脱走に成功したわずか5人のうちの1人、ルドルフ・レーダーである。

彼はルブリン総督府の村、ルブフ（現ウクライナのリヴィウ）に暮らすユダヤ人で、この死の収容所に1942年8月16日、近隣の人びとと共に移送された。

即、ガス殺死体の処理や墓掘り人として、SSのもとで働く〝死のクルー〟と呼ばれた部署に配属されたことから、ガス室への道を免れた。

そして3か月後の11月末、まさに信じられないような偶然のもと、脱走に成功したのだった。


戦後、ルドルフ・レーダーが語った〝死の体験〟は、小さな冊子になり、1997年にはアメリカで英語版が出版された。

そのいきさつについては、ポーランドのレジスタンス活動家ヤン・カルスキーが前書きで簡潔に述べている。

カルスキーはポーランドのレジスタンスの活動家で、大戦中、ポーランドで何が起きているのか、ナチスのユダヤ人絶滅の実態をあばこうと、命がけでワルシャワ・ゲットーや各地の強制収容所に潜入。

そこで目撃したナチスによるユダヤ人大虐殺を、世界に発信し続け

ルドルフ・レーダーさん。戦後、彼をかくまった女家主、ヨアンナ・ギールコフスカと結婚。1950年までクラクフで暮らし、イスラエルを経てカナダへ渡った。その後の足どりはわかっていない。

た人物である。

彼はこう書いている。

「戦後直ぐに、まだ生なましい記憶に基づいて記録されたこの冊子はショッキングな内容である。著者は出版の意図を全く持っていなかったが、ニューヨークのリザード・O・オレス博士の努力で、英訳が読めるようになった。彼はこの本によって、ホロコーストの恐ろしい記憶を持つすべての人たちから感謝されてよい。

オレス博士自身ベウジェッツとつながりを持つ。両親を含む彼の愛する人たちの多くがここで殺されたのだ。この本を読む人はみな、ホロコーストの犯罪がいかに希有なものであるかをよく知る事になるだろう。ホロコーストの悲劇が人ごとでないすべての人に、この本を読んで頂きたい」

レーダーと近隣の人びと6000人を乗せた貨車が、ベウジェッツ駅に到着したのは１９４２年8月16日だった。それはちょうど、ベウジェッツの絶滅作戦に拍車がかかった時期でもあった。

その年の７月、ヒムラーから総督府内のユダヤ人全員を殺害するよう命令が発せられたのだった。

これを受け、ラインハルト作戦の指導部たちは、３つの収容所での殺戮のバージョン・アップを決定する。

ベウジェッツでは初代所長クリスティアン・ヴィルトが、これまで使っていた木造のガス室を取り壊し、同じ場所にコンクリート建ての、６つの部屋がある効率の良いガス室を造った。

そのガス室についてレーダーはこう描いている。


「それは若い松の木の林の中にあった。木と木が重なってガス室のあたりの緑は厚かった。建物の高さは低いが、長さ幅ともにある灰色のコンクリートづくりで、平らな屋根はタール紙で覆われ、さらに木の枝を絡ませた金網で覆われていた。

1メートル幅の階段を3段上がるとこの建物につく。建物の前には色とりどりの花を植えた鉢がおかれ、壁にははっきりと、読みやすい字で『浴室、吸入室』と書かれている。

階段は1メートル半の廊下へと続いている。がらんとして何もない。四方はコンクリートの壁だ。ガス室のドアは木製で横にスライドする。各ガス室には電気ソケットの大きさの丸いものがあった。

廊下とガス室の高さは普通の部屋よりも低く2メートルを超えない。各部屋の反対側の壁にもスライドドアがあり、人々を窒息死させた後、ここから投げ下ろした。

建物の外に2メートル四方の小屋があり、ガソリン起動のモーターマシーンがおかれていた」

彼はこの死の収容所で、1942年8月から11月末まで〝死のクルー〟として働いた。

この時期、ベウジェツのガス室はフル稼働していた。移送は毎日、1日も途絶えることはなかった。1日に3回、1列車は50車両、1車両に100人が詰め込まれていた。列車の到着が夜になった場合、移送された人びとは翌朝6時まで車両の中で待たされたと言う。

ペテン演説で

「どの移送団の場合も私が見た光景は同じだった。彼らは衣服を脱ぐように命じられ、持ち物はすべてヤードに残された。イルマン（SS部隊長フリッツ・イールマン）は、いつもペテン演説をした。大声ではっきりとしゃべった。

君たちはこれから浴場へ行く。それから仕事場に送る。これだけだった。何時も同じ内容だった。人びとは瞬間、うれしそうになる。

私は彼らの目が望みに光るのを見た。仕事に就くのだという望みだった。

しかし、その一瞬の後、子どもたちは母親から引き裂かれ、老人や病人はストレッチャーで墓穴へ運ばれ、男や若い女性はライフルで小突かれながら、壁で囲まれた通路をガス室の方へと追い立てられた。

女性はみんな殺される前に髪を刈り取られた。

彼女たちはバラックに追い込まれる。順番待ちで残った人は外で待つ。裸で、素足で。冬の雪の降る中でもそうだった。彼女たちは気も狂わんばかりだった。

私は毎回、心がはりさけた。丸坊主にされた女性たちはさらに追い立てられ、バラックの床一面を厚いカーペットのように覆う、色とりどりの髪の毛の上を歩いて去った」

ガス室には1部屋に750人が、ぎゅうぎゅう詰めで押し込まれた。6つのドアが閉まるとモーターが動き出し、マシンは20分動いたとレーダーは書いている。

ハネイコ館長は、ベウジェッツでのガス殺には、ソ連のT44という戦車のガソリンが使われていたと語った。

レーダーの手記は、その時の様子をこう描写している。

「閉じ込められた人びとの助けを求める声、甲高い叫び、絶望的な泣き叫ぶ声、恐ろしい大きな声、そして静寂が訪れる。マシンが止まるとすぐ、ランプに通じるガス室のドアが外側から開けられ、死体が地上に投げ出され、高さ数メートルの大きな死体の山が出来た。

死体は立ったままだった。口はやや開き、手を握りしめ胸の当たりに押し付けている人が多かった。死体は広く開かれたドアからマネキンのように転がり落ちた」

レーダーが所属した〝死のクルー〟は、ウクライナ兵が中心の

500人あまりの部隊だった。

死体運搬のほか墓掘りが大きな仕事だったが、その作業は過酷を極めた。


「墓穴の豪一つ掘るのに1週間はかかった。私がいちばん恐ろしかったのは、一杯になった豪にさらに1メートルも死体を積み、その上に砂をかけるよう彼らが命じたときである。どす黒いべっとりとした血がしみ出し、それがあふれて豪全体を海のように覆った。

私たちは、その一方の端から反対側の端へと横切らなければならなかった。足が同胞たちの血の海に沈む。死体の山を踏みながら歩いた。最悪だった。いちばん恐ろしかった。

私たちは作業中ずっとシュミットという殺し屋に監視されていた。彼は、われわれの誰かがさっさと作業していないと判断すれば、たちまち横になれと命じ、25回のむち打ちを加えた。しかも打たれている者に回数を数えさせる。数え間違えればむち打ちを50回に増やす。

むち打ち50回の拷問は耐えられるものではない。バラックに、はって戻った犠牲者は、たいてい翌朝には死んでいた。こんな事が1日に数回も行われるのだった。ベウジェツクルーの誰かが、5、6か月持ちこたえられたとしたら、これは奇跡だ」

少年・臨時のクルー

レーダーの忘れられない出来事の一つに、大量の移送者が到着して臨時のクルーが選ばれた時のことがある。

「私が逃亡する直前だった、11月だった。遺体を埋めるために裸にされた100人が選抜された。彼らは若い少年たちだけを選び出した。少年たちは1日中、窒息死させられた遺体を豪に運ん

収容所跡地をおおいつくす墓石

だ。殴られ、一滴の水も与えられず、雪と寒さの中で裸だった。

夕方、シュミットが少年たちを豪の前に連れて行きブローニングで撃った。弾を撃ち尽くしてもまだ何十人も残っていると、彼はつるはしの柄で1人、また1人と最後の1人まで殴り殺した」


ルドルフ・レーダーの体験記は、彼自身が体験した〝地獄の苦しみ〟を語っただけのものではない。

まさに、ベウジェツで行なわれたナチの蛮行の生なましい告発であり、ナチスがすべてを消し去ったと考えていた歴史の真実を、今日に伝える記録となっている。


「死の収容所は来る日も来る日も大量殺戮にわきかえった。毎日が大量殺害一色だった。しかし、それとは別に個別の拷問もあった。私はそれも目撃した。

1人の若い少年がほかの何人かとともにクルーに選び出された。

どこから来たのか私は知らない。彼は健康、力強さ、若さの典型だった。彼の素晴らしい気質に私たちは驚いた。

彼は辺りを見回し、陽気ともいえる調子でたずねた。『まだここから出た人はいないの？』これがすべてだった。

これを耳にしたドイツ人が死の拷問を加えたのだ。奴らは彼を逆さ吊りにした。3時間吊るされていた。彼は強く、まだ生きていた。奴らは吊るした綱を切り、地上に延びた少年ののどに砂を入れ、棒でついた。彼は苦しみもだえて死んだ。まだようやくこどもの域を脱した年頃だった」

このような現実の中で、クルーとして働かされた人たちは日日、どんな気持ちで生きていたのだろうか。レーダーの手記はその一端を語る。

「私はここでの感情をどう表現すればいいのか、そのすべを知らない。

日に三度、犠牲者たちが発狂の渕に立たされるのを見た。私たちもほとんど発狂状態だった。何が何だか分からないまま、日を過ごしていた。

幻想を持った事は一度もなかった。私たちも日々死んでいた。感情というものを失い空腹や寒さを感じる事さえなかった。

みんな自分の番を待っていた。いずれ自分もあの人たちと同じような苦しみに合うのだという事を知っていた。

『ママ、僕いい子にしていたよう。暗いよう。暗いよう』と、子どもが叫ぶ声を聞くときだけ心が引き裂かれるのだった。それからまた、無感情状態にもどるのだった」

そして、レーダーに奇跡が起こった。それは11月の終わりのある朝のことだった。

「殺し屋イルマンが私に、ルブフ（レーダが住んでいた町）へ金属の薄板を買いに行くように命令した。もちろん監視付きだった。

その時、私の顔は腫れ上がり、傷口からは膿みが流れていた。ゲシュタポのシュミットが、棒で私の両顔面を殴ったのだ。

私は４人のゲシュタポと哨兵１人とともに出かけた。金属板をトラックに積み込んだ後、彼らは何処かへ息抜きにでかけ、私は見張り番と２人、ボーとそこに座っていた。

そのうち、私は、私の見張り番が眠り込んで、いびきをかいているのに気づいた。反射的に私はトラックからそっと滑り降りた。殺し屋はまだ眠っていた。

私は歩道に立った。しばらくの間金属板のそばで何か探しているようなふりをした。それからゆっくりと離れた。

通りはとても賑やかだった。私は帽子を脱ぎ捨てた。私を見る人は誰もいなかった。私はポーランド人の女家主の家を知っていた。彼女は私をかくまってくれた。

私はそこで20か月を過ごし体中の傷を治した。傷だけではない、体験して来た恐怖が私を悩ませた。寝ても覚めても犠牲者の苦しみ喘ぐ声が耳を離れなかった。

子どもたちの叫び声も。モーターのうなりも。ゲシュタポ一人一人の顔を、犯罪者の顔を、記憶から消し去れなかった。私は解放の時まで耐えた」

第2章

最終解決とラインハルト作戦

ラインハルト・ハイドリヒ

クリスティアン・ヴィルト

ラインハルト作戦本部が置かれていた建物（ルブリン市）

オディロ・グロボチュニク

ヒトラーの意で

ベウジェッツなど3か所のユダヤ人絶滅収容所で、ユダヤ人170万人をガス殺した「ラインハルト」作戦は、1942年から1943年にかけて、ナチス・ドイツ占領下のポーランドで繰り広げられた。

その目的はポーランド総督府領のユダヤ人、推定250万人の絶滅計画だった。

が、しかし、それだけでは終わらなかった。

前章で述べたように、これらの収容所には、ドイツ占領下のヨーロッパから大量のユダヤ人が移送され虐殺された。

この作戦終了後は、オシフェンチムにつくられた、これまでの何倍もの強力な殺人システムを持つ、アウシュビッツ絶滅強制収容所へと引き継がれていったのだった。

この作戦名は、SSナチス親衛隊大将で国家保安本部長官だったラインハルト・ハイドリヒにちなんで命名されている。

ハイドリヒは１９４２年５月、総督代理を務めていたチェコで連合軍兵士の襲撃に遭い、６月４日に死亡したが、この人物、38歳にして政権の最重要人物の一人だった。

そしてハインリヒ・ヒムラー、ヒトラーの意を受け、SSをテロ機構の実行部隊に使い、組織的にヨーロッパユダヤ人の大量虐殺を行なった、SS全国指導者兼国家警察長官の、右腕的存在だった。


ユダヤ人の絶滅について、ナチ政権の組織的合意がかわされたとされる、１９４２年1月20日のヴァンゼー会議は彼が主催した。

会議はベルリン郊外のヴァンゼー湖畔の邸宅で開かれた。

国の主だった省庁の高官たちを前に、ハイドリヒはまず、自分が帝国元帥ゲーリングから、ヨーロッパのユダヤ人問題の最終解決を委ねられていることを再度明らかにした。

ヴァンゼー会議が開かれた、ベルリンのアム・グローセン・ヴァンゼー街の館

その上で、ヒトラーの事前の了解を匂わせながら、ユダヤ人の東方への強制移送の実施が決定されたこと、これまでの「国外追放」からの方針転換を伝えている。

「東方への強制移送」とは組織的な殺りく、つまり「ユダヤ人の絶滅」のことであった。

それは当時、ヨーロッパ全土に住んでいた1100万人のユダヤ人を対象としていた、とヴァンゼー会議の記録は語る。

このような、とてつもない規模の国家的殺人計画が話し合わ

ヴァンゼー会議の場所（ベルリン）屋外展示

れた会議であったが、参加者にとっては、暗黙の了解がなされている基本路線の確認というに過ぎなかったようだ。

ベルリン工科大学の、反ユダヤ主義研究センター所長・ヴォルフガング・ベンツさんは、その著書で、アドルフ・アイヒマンの証言を交えながら、会議の場の雰囲気を次のように描き出している。

アイヒマンは当時、ユダヤ人担当部局課長でヴァンゼー会議の書記を務めた。

「……ハイドリヒが、最終的解決を見い出さなければならない問題——すなわちユダヤ人問題——を意味するヨーロッパ全土に分散している計『一一〇〇万以上』を口にした時も、それを聞いていた者たち（会議の参加者＝筆者）には、おそらく生身の人間のことなど思いも浮かばなかったであろう。ヴァンゼーの屋敷にいた役人や将校たちは、個々の人間のこと、つまり、もっともつらい屈辱や苦しみにさらされ、死の瞬間に神や人間に絶望していたに違いない人々のことなど、考えてもいなかったのは確かである。

会議の席にいた紳士たちは気分が高揚し、生き生きと喜びに満ち、興奮した面持ちでハイドリヒの説明に聞き入り、いくつかの提案をし、上機嫌であった。ハイドリヒの書記で世話役のアドルフ・アイヒマンは、このことを二〇年後にはっきりと認めた。「ここでは一同が喜び賛同し、さらにまったく予期しないこと、つまりユダヤ人問題の最終解決の要求に関して期待をはるかに上回ることが確認できたのです」。一同が会議を終え、朝食をとり、帰った後も、良い雰囲気は続いていた。ハイドリヒはゲスターポ長官ミュラー、担当課長アイヒマンと共に満足した気分で残っていた。彼らは一緒に座ってコニャックを飲み……」『ホロコーストを学びたい人ために』（中村浩平・中村仁訳・柏書房）

異常なほどのユダヤ人嫌悪

２０１７年９月、ベウジェッツ再訪問の後、私はベルリンにベンツさんを訪ねた。ヒトラーはあの大戦争の只中、なぜあれほどまで執拗にユダヤ人絶滅に拘泥したのか？

ベンツさんは、まず「ユダヤ人に対するヒトラーの異常なまでの嫌悪感」をあげた。

そして、「その土壌は、数千年来、ドイツやオーストリアにある反ユダヤ主義に起因している」と、述べた。

ヴォルフガング・ベンツさん

「ヒトラーは第一次世界大戦後の混乱したドイツ社会で、戦争に負けた要因をユダヤ人のせいとする、大掛かりなプロパガンダを繰り広げました。それは人びとの中に眠っていた、反ユダヤ主義的な感情を掘り起こすのに十分でした。

さらに、それを利用しながら生活苦にあえぐドイツの人びとに、こういう人種は絶滅されなければならないという考えを植え付け、政権を取ってからも、それをやり続けた。

自分たちが起こした戦争で、世界を征服できるという考えを持っていた連中です。当然、その野望が実現した社会にドイツの血を汚すようなユダヤ人はいてはならなかった。それで、さまざまな排斥のための方策を考えた。

他国へ移住させることを模索したりもした。けれども、イギリスとの戦争に負け、マダガスカルへの移送計画も頓挫し、ソ連との戦争もうまくいかない。

結局、最終的には殺してしまおうということになった。これは我われにはとても理解し難いことではあるけれど、ユダヤ人を嫌悪するということから、理性的な考えでなく、最終的には絶滅という方向へいったのです」

ベンツさんはこの作戦が、限られた、本当に一部のナチス党中枢部の人びとによって、極めて秘密裏に計画され、進められたと話した。

「ヒトラーを中心に、ヒムラー、ハイドリヒらが計画を立て、あとはアイヒマンなど命令によって動く部隊、ほぼ1万人余りが実行に関わった。

そこで検討されたのが、いかに合理的にユダヤ人を殺すかということでした。大多数の人びとをいっぺんに、音も立てず、合理的に殺す方法とは？　その結果、彼らが行き着いたのがガス殺だったのです。

皮肉なことに、それまで彼らが行なってきた射殺という方法では、射殺する側（つまりSS）の神経がもたないということが、ソ連への奇襲攻撃とともに始まった東部での大虐殺（100万人を超える人びとが殺された）、などの体験から分かってきていたからです」

ガス殺。この方法はすでに試し済みだった。

ヒトラーが政権を取ってまもなく考えつき、戦争のどさくさに紛れて実行した、安楽死作戦（いわゆるT4《テーフィア》作戦）がそれである。

ヒトラーは同胞、ドイツ人に対しても、弱い者、体や精神に障害を持つ人びとは、生きていても役に立たない人間、と勝手にレッテルを貼り、殺害したのだった。

そして、今度は、ユダヤ人を殺すために、その技術を持った人間たちをポーランドに送った。

狂信的とも言われるヒトラーのユダヤ人嫌い、その根はナチ時代のバイブル的書物ともなった、ヒトラーの『我が闘争』に見ることができる。

その執念の深さを、「ヒトラーのユダヤ人憎悪は、青年期からはじまって、ベルリンの総統官邸地下壕で『ユダヤ人に対する容赦のない戦い』を、国民に義務づける遺言を残して自殺するまで、終始一貫していた」と、語るのはドイツ在住のヒトラー研究者・大澤武男さんである。（『ヒトラーとユダヤ人』講談社現代新書）

戦争を間近に控えた1939年1月の帝国議会でヒトラーが、「もし国際ユダヤ主義がヨーロッパの内外において諸民族をもう一度戦争へと陥れるならば、その結果はヨーロッパにおけるユダヤ人種の絶滅である」と、自らの思いをぶちまけたことはよく知られている。

では、いつ、ヒトラーはユダヤ人の絶滅を決断したのだろうか？それをはっきり示す史料は、見つかっていない。

その種のやり取りの多くが、面談や、電話による指示など、極めて慎重になされたことが分かる。しかし、それを推測できる記録はある。

一つは、1942年からは、ヨーロッパにおける最も大きなユダヤ人の絶滅センターとなった、アウシュビッツ強制収容所の所長だった、ルードルフ・ヘスの証言である。

ヘスは戦後、1946年3月、イギリス憲兵隊によって逮捕された。クラクフで行なわれた裁判で1947年4月2日死刑を宣告され、2週間後にかつて権勢を振ったアウシュビッツ収容所跡地で処刑されたが、死ぬ前に書き上げた、詳細な自伝的手記を残している。

それによると、ヘスは1941年の夏、突然、ヒムラーからベルリンへ来るようにという呼び出しを受けている。

「……この時、ヒムラーは、それまでの彼の習慣と違って、副官も遠ざけた上で、およそ次のようなことを言った。

総統は、ユダヤ人問題の最終的解決を命じた。われわれSSはこの命令を実行しなければならない。東部にある既存の絶滅施設は、この大掛かりな作戦を実行できる状態にはない。

……これは、きびしく重大な仕事で、その任に当たる者は全員、いかなる困難にもひるまぬことが要求される。

これ以上の詳細については、いずれ国家保安本部から大隊長アイヒマンが行って君に説明する。……この命令については、君は絶対に沈黙を守り、上官にも絶対漏らしてはならない……」

そして、ヒムラーこう強調している。

「……ユダヤ人は、ドイツ国民の永遠の敵であり、絶滅し尽くされねばならない。われわれの手の届く限りのユダヤ人はすべて、現在のこの戦争中に、一人の例外もなしに抹殺されねばならない。いま、われわれが、ユダヤ民族の生物学的基礎を破壊するのに成功しなければ、いつかユダヤ人がわがドイツ国民を抹殺するであろう」（『アウシュビッツ収容所』、片岡啓治訳・講談社）

もう一つが、アドルフ・アイヒマンの証言である。

アイヒマンはゲシュタポ（国家保安本部第4部）のユダヤ人問題の担当官で、最終的にはこの問題の最高専門家だった。

1960年、逃亡していたアルゼンチンで逮捕され、1962年にイスラエルで、ユダヤ人虐殺と人道に対する罪によって、絞首刑に処せられた。

イスラエル警察の審問調書の中で、彼はこう話している。

「……たしか、一九四一年六月に、ソ連との戦争が始まったと思います。それで、その二か月後だったか、あるいは三か月後だったか、私はハイドリヒに呼ばれて出頭しました。彼はこう言いました……。『総統はユダヤ人の抹殺を命じられた』と彼は私に告げました。その言葉を発したあと、彼はあたかもこちらの反応を伺うかのように、しばらくのあいだ沈黙しました……。それからハイドリヒは私に命じました。『アイヒマン、ルブリンのグロボチニクのところへ行ってくれ』と」

「……ハイドリヒは言いました。『グロボチニクのところへ行ってくれ。国家指導者は、すでにグロボチニクに指示を出されている。君は、彼がどの程度までその指示を実行しているのかを視察して報告してくれ。ロシアの対戦車壕を利用してユダヤ人を抹殺していると思うんだが』と。

私は命令に従ってルブリンへ行き、親衛隊及び警察長官グロボチニクの事務所を訪ねました。そこで中将に、私はハイドリヒの言い付けで来ました、総統はユダヤ人の抹殺を命じられたと言うことです、と伝えました」（『アイヒマン調書』、小俣和一郎訳・岩波書店）

史上類例のない民族絶滅作戦が、このようにして実行に移された背景には、ヒトラーに心酔する人びとによる岩盤のように強固な独裁体制があった。

アイヒマンは、「ユダヤ人問題の最終解決は国家法にも定められていたのか?」というイスラエル警察の問いに、こう答えている。

「……はっきり言えば抹殺ということは、国家法では全くありませんでした。それは、いわゆる総統命令でした。ヒムラー、ハイドリヒ、それに経済管理総局長のポールが、この総統命令を分担したということです。当時の、一般的な法律認識というのは、総統の言葉は法的拘束力を持つというものでした。それは、このケースに限ったことではなく、全てそう受け止められていたんです。総統の言葉は、すなわち法だ、と」

犯罪人が幹部に

ラインハルト作戦の実質的な責任を負ったのは、ルブリン管区長官のSS少将オディロ・グロボチュニクだった。その特別な司令本部はルブリンに置かれた。

グロボチュニクは、1904年生まれのオーストリア人で、18歳の時、ナチス党に入党。28歳でSSに入隊している。

その後、ウイーンの大管区指導者に抜擢されたが、外国為替不正取引に手を染めたことが原因で、職を解任された。

そんな犯罪歴を持つグロボチュニクにとって、SS全国指導者ヒムラーの直属下にあるルブリン管区長官への返り咲きは、2度目の出世のチャンスだった。

それをものにしようと必死だった彼は、この地でのユダヤ人殺害案を自ら計画。ヒトラーやヒムラーの承認をもらい、皆殺し拠点の建設を進めた。

ポーランドの歴史学者で、ユダヤ人問題に詳しいアンジェイ・ジビコフスキさんは、共著『ポーランドのユダヤ人』（阪東宏訳・みすず書房）の中で、これら3つの死の拠点で働いていたのは、ドイツ人92人余りと、多くはウクライナ出身の警備員（300〜350人）であったと、語っている。

これらのウクライナ人は、ルブリン近郊のトラヴニキで特別な訓練を受けた後、キャンプへ送り込まれた筋金入りだった。数こそ少ないが、ベルリンから来たドイツ人たちもまた殺人のプロだった。

彼らは内外の批判にさらされ、表向き1941年に中止されたとされながら、実際は終戦まで続けられた、ヒトラーの障害者殺害（「安楽死計画」＝いわゆるT4作戦）に携わった殺人者たちで、直接、ベルリンの「総統官房」から派遣された。

ベルリンフィルハーモニーのバス停にもＴ４作戦の告発がある

「総統官房」とは、ヒトラーへ直接出された手紙や要望などを処理する私的な窓口的機関で、フィリップ・ボウラーが長官だった。

ボウラーは、人間性や法、モラルを全く無視したこの「安楽死」政策をヒトラーから委託された一人である。

Ｔ４作戦は、ヒトラーのポーランドへの侵略が開始された日、１９３９年9月１日に開始された。

本部がベルリン・ティアガ

ルテン通り4番地におかれたことから、この作戦ネームが付いた。現在のベルリンフィルハーモニーのある場所である。

コンサートホール前の広場には、この作戦の犠牲者を追悼する碑が建てられ、数かずの告発資料が並んでいる。

ヒトラーはボウラーと自分の侍医の一人、K・ブラントに、「検査、診断の結果、病状がひどく不治と判断される病人に対しては慈悲深い死の処置（安楽死）を講じることができるよう、診断医に許可を与える任務」を委託した。

安楽死とは殺人

しかし、この安楽死は、患者のためではなかった。実際に行なわれていたのは殺人だった。しかも、この措置は何の法的根拠も持たないものだった。

なのに、この命令の実施のため、国内の精神病院や障がい者施設はもとより、医療機関、精神医学者、宗教関係者などが文字通り総動員されている。

1940年の初めには、ベルリン近郊のブランデンブルク州立精神病院に、「安楽死」のためのCOガスを使ったガス室が作られた。

そして大掛かりな安楽死を組織的に実施するために、ドイツ各地、6か所に財団法人の施設が設けられ、患者の移送のための運送会社も設立された。

「生きるに値しない命」と勝手に判断され、リストアップされた人びとは、このシステムを使って施設へ送られ、かんたんな身体検査の後、シャワー室と称された、バラック建てのガス室へと導かれたのだった。

建物は周りを木の塀で囲み、外から見えないようになっていた。この手法も、そのまま絶滅収容所に引き継がれている。

患者は家族や親族と連絡できないように、できるだけ遠く離れた場所の施設に入れられる仕組みになっていた。

この作戦は戦争のじゃま者として20万人余をガス殺した。その事実は闇から闇へと葬られ、犠牲者の家族は戦後、初めてその真実を知ったのだった。

私は、ワルシャワのユダヤ史研究所でアンジェイ・ジビコフスキさんに会った。ベルリンから来た男たちについて、彼はこう語った。

「彼らは、その道の専門家だった。ドイツ民族こそ最もすぐれた人種という政策を強力に進めていたヒトラーにとって、その血を汚すと嫌悪したユダヤ人はもちろんのこと、障害者や、遺伝性の病気を持つドイツ人もまた、民族の血を汚し、金ばかりかかる価値のない命とみなしたのです。

ドイツの役に立たないものは取り除く、ちょうど庭師が庭をきれいにするように、自分たちの庭から雑草を抜いてきれいにする。つまりは、殺してしまえという考え、宗教的にも人間の倫理にも反す

アンジェイ・ジビコフスキさん

ることしたことを、ヒトラーの命令だからと、良心の苛責も抱かずに実行してきた部隊です。

同胞に対してもそんな態度で臨めたのですから、ここでのユダヤ人に対する任務など、軽いものだったでしょう」

そして、アンジェイさんは、

「ナチ占領下のポーランドはドイツ人にとって、ここで何をしても罪に問われる心配ないと信じて、恐怖政治を実行できる場所だった」
と語った。

テロは、これ見よがしに展開され、地下活動はもとより、ユダヤ人をかくまうことなども抵抗運動とみなされ、死罪を科されたのだった。

「あの時代に、ポーランドでナチスが繰り広げたユダヤ人の虐殺は、規模の大きさから言っても人類史に比類のない出来事です。私は、かれこれ30年余り研究を重ねてきましたが、世界で戦火が絶えない今日、この歴史を学び継承していくことの重要性をますます痛感しています。

歴史は繰り返します。この問題を放っておくと、また同じようなことが起こるのではないかという恐怖感を抱くのです」

ベウジェッツ初代所長となったSS少佐、クリスティアン・ヴィルトは、このT４作戦の監督官だった。それまでの時間と手間の掛かる銃殺から、部屋につめこんだ犠牲者をいっきに排気ガスで殺す方法を研究するなど、らつ腕をふるった。

その作戦終了後は、今度はヘウムノで続けられたエンジン排気ガスを使ったガス殺の実験に参加。そこでも手腕を発揮し、最初の絶滅収容所の司令官となった。

ウッチの北東部に位置するヘウムノ（ドイツ名＝クロロホルム）で、初めてトラックを使ったガス殺の実験が実施されたのは、1941年12月7日。ヴァンゼー会議の1か月以上も前のことだった（第4章）。

ヴィルトは、収容者はもちろん、その下で働いたウクライナ兵やSSからさえも、どう猛な人物として恐れられていたと伝えられている。

ベウジェッツからの生還者、ルドルフ・レーダーの「手記」に、彼についてのこんな回想がある。

「私はベウジエッツ駅の隣りの、最高に美しい家に住んでいた収容所の最高司令官を知っている。名前を思い出せないが、短い名前だった。収容所には滅多に顔を見せなかった。何か催しがある時だけ出て来た。

背の高い殺し屋だった。がっしりした体格で、年の頃40過ぎ、顔の相は下品だった。悪党の顔付きとはこういうのだろう。彼はまったくの好色漢だった。

一度、殺人マシンが故障した時、知らせを受けた彼は馬に乗ってやって来て修理を命じたが、人びとを空気の薄くなったガス室から出そうとはしなかった。より長く、苦しみもだえさせようとしたのだ。

彼は大声を上げ周りに当たり散らした。彼はSSにとっても恐怖の象徴だった」

絶滅収容所、ソビブルやトレブリンカの所長として、女性や子どもを含む一〇〇万人余の人びとをガス室へ送ったフランク・シュタングルが、戦後イギリスのジャーナリスト、ギッタ・セレニーのインタビューに語ったヴィルト像はこうだ。

「ヴィルトは赤ら顔の低俗な人間だった、、、彼を見たとき、自分の勇気が引っ込んでしまった。彼は何日かハルトハイムにいて、その後も何日かやってきた。いるときには、いつも昼食時に彼の講話があった。あの、胸くその悪くなるような話し方、言葉使い。安楽死についても、ヴェルナー博士の言い方とは全然違っていた。ヴィルトは笑いながら言ったんだ『あの穀潰しどもをかたずけてしまえば、すっきりする、見ているだけでヘドが出る』と。」（ギッタ・セレニー『人間の暗闇』小俣和一郎訳・岩波書店）

シュタングルもまた、Ｔ４作戦に手を染めた人間だったのだ。ヴィルトは１９４２年８月以降、ベウジエツ、ソビブル、トレブリンカ、３つの絶滅収容所を取り締まる監察官となり、グロボチュニクとともに、１７０万人ものユダヤ人を殺し尽す先頭に立った。

閉鎖への道

１９４２年の秋、ユダヤ人絶滅の全責任を持つヒムラーが、ベウジェツを訪れた。レーダーの手記は、その日のことをこう記した。

「殺し屋たちの最大のフェスティバルはヒムラーの訪問だった。10月の中旬だった。

朝早くからゲシュタポたちが奇妙にたち騒いでいた。数千人虐殺の全行程がこの日は早められた。全てが急いで行なわれた。イルマンが号令をかけた。『高官がお見えだ。そそうなきを期せ』

遺体を焼いたやぐらのレプリカ

誰かは言わなかったが、みんなが知っていた。

彼らが仲間内でささやきあっていたからだ。ヒムラーは午後3時頃、陸軍少将のフリッツ・カッツマンとともにやって来た。副官ら10人のゲシュタポを伴っていた。イルマンと、その他の連中は彼らをガス室へと案内した。

ガス室は死体が転げ落ちたばかりだった。死体は、幼児や子どもたちの死体がうず高く積み上げられた場所へと運ばれた。ヒムラーは、囚人たちが死体をその場所へ引きずっていくのを見ていた。30分ほどいて、彼は車で去った。

わたしは、ゲシュタポたちが喜びと高揚した気分に浸っているのを見た。彼らの満足がどんな具合だったか、どんな笑い方をしていたかを見た。彼らが昇進のことを話し合っているのも聞いた」

それに先立つ、この年の7月、ヒムラーは絶滅能力が高まったアウシュビッツを訪問している。

その後、ラインハルト作戦を同年12月31日までに終了するようグロボチュニクに命じた。ヘスに語ったように、もはや、その数はこれらの絶滅収容所では対応できなかったのだ。

グロボチュニクは翌年1943年11月になってやっと、作戦が10月19日に終了できたことをヒムラーへ伝えている。

1945年5月、グロボチュニクは、英国軍に逮捕され、英軍拘禁下で自殺した。

そしてヴィルトは、この作戦終了後参加したパルチザン撲滅戦で、1944年5月、イタリア・トリエステ近郊でパルチザンによって殺害されている。

この間、トレブリンカでは1942年9月10日と翌43年8月2日に、ソビブルでは1943年10月14日に、SSの元で働かされていた収容者たちの決起が起きた。

ソビブルでは総勢数100人が決起したが、生存者はわずか50数人だったと伝えられている。

ベウジェツにはそうした動きはなかった。そして、1942年12月、移送が中止され、収容所は閉鎖された。その時、ここには、もはや犠牲者を埋めるスペースがなかった。

館長のハネイコさんによれば、深さ5メートルぐらいの壕に投げ込まれていた死体の発する臭気には、さすがのSSも音を上げていたようだ。それにガスなどの発生もある。

いくら近隣に民家はないと言っても、ベウジェツは他の収容所からすると人里は近い。

「彼らは溝の部分をメントで固めて匂いを閉じ込めようとしたり、あるいは、腐敗を遅れさせるために溝に石灰をまいたりしていたようです。

でも、そんなことではなかなか解決できないでいたところに、チフスがまん延する事態となった。直接的には、そのことが原因で閉鎖に至ったようです」

撤収するには、全てを消し去らなければならなかった。閉鎖が決まってから翌年の6月までの半年間、彼らは建物を解体・分解し、死体をクレーンで掘り返した。そして、いくつかの場所で、レールと木材でつくった櫓の上に死体を積んで焼いた。その骨を細かく砕き灰になったものを、また壕に戻した。

だが、彼らが消しつくしたと思った殺戮の証拠、その灰は、76年を経た今もひっそりと溝の中に残っている。

ルドルフ・レーダーは後に、あらゆる自由を取り戻した時、近隣の住人たちから、その時の様子を聞いている。

彼らはこう語ったという。「暑く、黒い煙が周辺何10キロにもわたって漂った。息の詰まるような異臭が風に乗って遠くにまで広がった。日夜、何週間も……」

ルブリンに残る記憶

ルブリンには、この作戦の司令部が置かれていた建物が今も残っている。

ルブリン市スポコイナ通りにある元ルブリン・ギムナジウム。現在は医学アカデミーの解剖学部になっていた。黄色い外壁の瀟洒でアカデミックな建物からは、70年前の出来事を想像するのは難しかった。

しかし、この場所でベウジェツ、ソビブル、トレブリンカという絶滅拠点の建設が決定され、何の罪もない170万人もの尊い命が奪われた、「ラインハルト作戦」の計画が練り上げられたのだと思うと、すぐには立ち去り難かった。

ここにはまた、殺害したユダヤ人から奪ったおびただしい数の資産、特に貴重品を収納したと言われる倉庫も現存する。

ショパン通り27番地、現在のルブリンカトリック大学の図書館がその場所だった。略奪物はベウジェッツからいったんここに集められ、ベルリンへと送られたのだ。

アウシュビッツ収容所所長だったルドルフ・ヘスは、１９４６年の法廷でこう証言している。

「ラインハルト工作という表現はユダヤ人を移送し、皆殺しにする

ここが貴重品収容の倉庫だった

ための確保、分類、実施のプロセスを秘匿するための用語である。この工作完了と遺品分別の後に貴重品は梱包され、トラックでベルリンのSSの経済・行政本部へ送られ、最終的にはドイツ帝国銀行へはいった」

これらの場所を訪ね歩いているうちに、マハルシャル・シナゴーグがあった場所に行きついた。

このあたりにと殺場があり、その裏の広場から、ルブリンゲットーに収容されていたユダヤ人たちが、ベウジェッツへ送られたはずだった。

その記憶を記す小さなプレートを同行の明木さんが古びたレンガの壁に見つけた。

そこには、１９４２年3月17日から4月14日までの間に、ここからユダヤ人がベウジェッツへ移送されたこと。それはラインハルト作戦のためであり、作戦の目的は総督府内の全てのユダヤ人を殺す

市民の手で設置されたプレート

ことにあったと、ポーランド語と英語で簡潔に書かれていた。

２０１７年3月、過去の記憶を学び、継承していくルブリン市民の手で、設置されたものだった。

第 3 章

博物館・展示室案内

展示室の入口

日本人学校の教師が

ここに1枚の写真がある。解放1年後、1944年のベウジェツ。ナチスによって施設は取り壊され、更地にされた絶滅の場所が、風雨にさらされたまま、荒れ果てた姿を残している。

やっと、その場所を国立博物館にという声が上がったのは、50年後、1994年のことだった。

「第二次世界大戦は、ポーランドにも大きな傷を残しました。20パーセント以上の人が殺されました。

政治は混乱し、財政は疲弊し、例えば、この収容所を囲う材料にさえ事欠く状態が続いたのです。やっと50年たって、ここのどこに犠牲者の遺体を埋めたか、などの考古学的な調査が行なわれ、2003年から本格的な工事が始まりました」（館長）

本格的工事が始まる3年前に、この地を訪れた日本人がいた。梶

解放１年後のベウジェツ絶滅収容所

原衛さんだ。当時、ワルシャワの日本人学校教師だった。2000年11月19日、この人は、ザモシチから車ではいっている。

そのレポートは、当時の収容所の様子をリアルに伝えている。

「ベウジェツの町にはいったが、地図には収容所の跡は載っておらず、看板か何か収容所があったことを示すものはないかと探したがわからなかった」

それで梶原さんは町の人に尋ね、案内してもらったと言う。

「聞かなければ見つけることができなかったであろう。オシフィエンチム、マイダネクは見渡せば向こうがかすむほどの広大な敷地を塀で囲い、近くに行くと収容所とすぐに判別できるが、ここベウジェツは、それに比べると狭く、道路を車で走ったのでは気づかない」

この時、すでに駐車場の広場はあったようだ。向こうに金網があり、その向こうに広場が見えたとある。その広場が絶滅の場所だ。

そして、少し歩くと松の木が生えた山の中にはいって行くようだったと書いている。


「山の中にはいって行くと金網があった。あたりを広くぐるりと囲っていて、これが当時の外との境であったのだろう。金網は一部が破れ、有刺鉄線が林の中に転がっており、当時のまま放置されていた。大半は草で覆われているが、途中、一部土がむき出しのところがあった。

近づいてよく見ると、黒っぽい土の表面に白いものが見える。よく観察するとその白いものには線がはいっていて、中央はへチマの繊維のようにすかすかになっている。人骨に間違いない。捨てられた灰が雨で洗われ姿を現したのかもしれない。無念に殺され、60年間もこうして放置されてきたのであろう。

わずか1年間で60万人（現在、50万人に修正されている＝筆者）

もの人々が灰にされた所。60万を操業日数で割っても、毎日数千人を殺し、焼いたことになる。恐ろしいことだ」（『ワルシャワ通信―日本人学校教師のポーランド体験』（梶原衛・渡辺克義著・彩流社）

初めての訪問時

２００５年、私が初めてベウジェッツを訪ねた時、収容所跡はシンボリックなモニュメントがある鎮魂の場と変わっていた。今回、改めて収容所跡に立った。当時ほぼそのままの、70へーべーの敷地に、大量の石が埋め尽くされている。さまざまな形をした石は、ここで命を絶たれた50万人の墓標なのだ。

また木々を揺する風の音が聞こえる。その風に乗って、犠牲者たちの痛恨の想いや怒りが、押し寄せてくるように思えた。

石の山は、なだらかなスロープを描き、そこにいく筋もの白いコンクリートの畝のような物が見える。それは、ここへ移送されて来

ランパ（プラットホーム）に書かれた移送先

た人たちが貨車から降ろされたランパ（ホーム）、を意味していた。

その上に書かれた文字をたどると私たちは、犠牲者がどこから移送されて来たかを知ることができる。

当時、収容所は大まかにいって、移送者の衣服や荷物を剥ぎ取る部分（前）と、裸でガス室へと導いた部分（後ろ）に2分されていた。高い柵で仕切られ、貨車からホームに降ろされた人びとの目からは、後ろの部分、つまりガス室などは完全に遮断されていた。その分岐点とみられる場所は少し平たいスペースになっていて、足元に大きなダビデの星のプレートが埋め込まれていた。

ナチスはこの場所で、シャワーを浴びると人びとをだまし、着ている物を脱がせ、毒ガスのシャワーで命を奪い、死体から金歯を抜き取り、壕の中に投げ込んだ。

だが、そのガス室が何処にあったのか、ベウジェツでは未だその場所は特定されていない。


3つの絶滅収容所では唯一、ソビブルでガス室跡が発見されている。〝絶滅初めての貴重な発見〟と話題を呼んだのは、2014年秋のことだった。

遅ればせながら昨年夏、私も4年ぶりにソビブルへ行って、鉄の柵で囲われた跡地を見学した。長年、博物館側がここにあったに違いないと、予測していた場所だった。

ソビブル・ここにガス室があった

ソビブル・ガス室への道には無数の慰霊碑が

ソビブルからの生還者が、「ドイツ人はこの道を天国への道と呼び、我われは蛇の道と呼んでいた」、と書き残しているガス室への道、深い森の奥へと通じる道のどん止まりの、ところがその場所であった。

今、新しい博物館の建設が進んでいるソビブルでは、ガス室跡を斬新な方法で公開する準備が進んでいると聞いた。

ベウジェツ博物館には、ガス室に代わる場所として、「犠牲者鎮魂の記憶の場所」が設けられている。

博物館の入り口から真っ直ぐ、ちょうど墓石の山を縦に2分するようにのびている1本の道。人々がガス室へと追い立てられた通路をイメージしたという。

その奥が「鎮魂の記憶場所」だ。そこまではほんのわずかな距離なのに、歩いていううちに、なぜか両側の高い壁に吸い込まれてしまうような、なんとも言い表し難い気持ちにとらわれてしまう道だっ

壁にはさまざまなユダヤ人名が刻まれている

た。

広さ100へーべーあまり。壁という壁に、びっしり様々なユダヤ人名が刻んであった。それは、私に沖縄にある「平和の礎」を連想させた。

第二次世界大戦で、住民を巻き込んだ地上戦が行なわれた沖縄。「平和の礎」には、戦争で犠牲になった20万の人々の名前が刻まれている。

だが、ここの壁に刻まれた人命は、すべて架空のものだ。名前すら残すことができず、1つのかたまりとして殺された一人一人のために、数々のユダヤ人名が刻んであるのだ。

「ナチスは、人間をまるで工場で材料を扱うように、一つのかたまりとしか見ていなかった。だから名前などどうでもよかった。でも名前は人間の証です。彼らは人間から名前を奪い「もの」として扱った。この恐ろしさを多くの人に知ってほしい。歴史はきちんと見つめないと繰り返すものです。

もし今、技術がこれだけ発達した中で、あのようなことが繰り返されたら、どのような事態になるか、考えただけでもゾッとします。ナチスの蛮行から教訓を導きだし、人類が同じような過ちを繰り返さないですむようにしなければ、と思うのです」（館長）

父に連れられ

ハネイコ館長は近隣の村に生まれた。

10歳の時、父親に連れられて、初めてこの場所を訪れたと言う。

「父は、まだ子どもだった私に、わかりやすい言葉で、ここで何があったのかを話してくれました。どうしてこんなことが現実にありえたのか、どうして人間が、同じ人間にこのようなことができたのか。その時、漠然と抱いた疑問、それが、私が歴史や法律を学ぶ原点になりました」

２００７年からこの地区で働き、１年後に館長に就任した。

「私たちはこの10年間で、50万人の犠牲者のうち３５００人の氏名を明らかにすることができました。これは本当に困難な仕事です。おじいさんから赤ちゃんまで、家族揃って犠牲になっているという場合がほとんどですから。

でも、私たちはあきらめません。ナチスが消し去ろうとした、この場所と人びとについての全ての記憶を取り戻す、それをやりぬこうと考えています」

このモニュメントのある広場のデザインは、３人のポーランド人芸術家グループが手がけた。

１９９７年、博物館は、より多くの人にこの場所を知ってもらうために、斬新なアイデアを求めてデザインを公募した。３人のグルー

展示室は博物館の入口のすぐ右側にある

プはコンクールに応募して、見事、採用されたのだった。

展示室には

博物館の展示室は、モニュメントの広場の脇の、失われたベウジェッツ駅舎の形を思わせる建物の中にある。

一歩、足を踏み入れると、天井から釣り下げられたユダヤ人家族の写真が出迎えてくれる。

「違和感を覚える方もいらっ

かつてのベウジェツ駅舎

貴重品の預かり証としてつかわれていたもの

シャワー・ヘッド

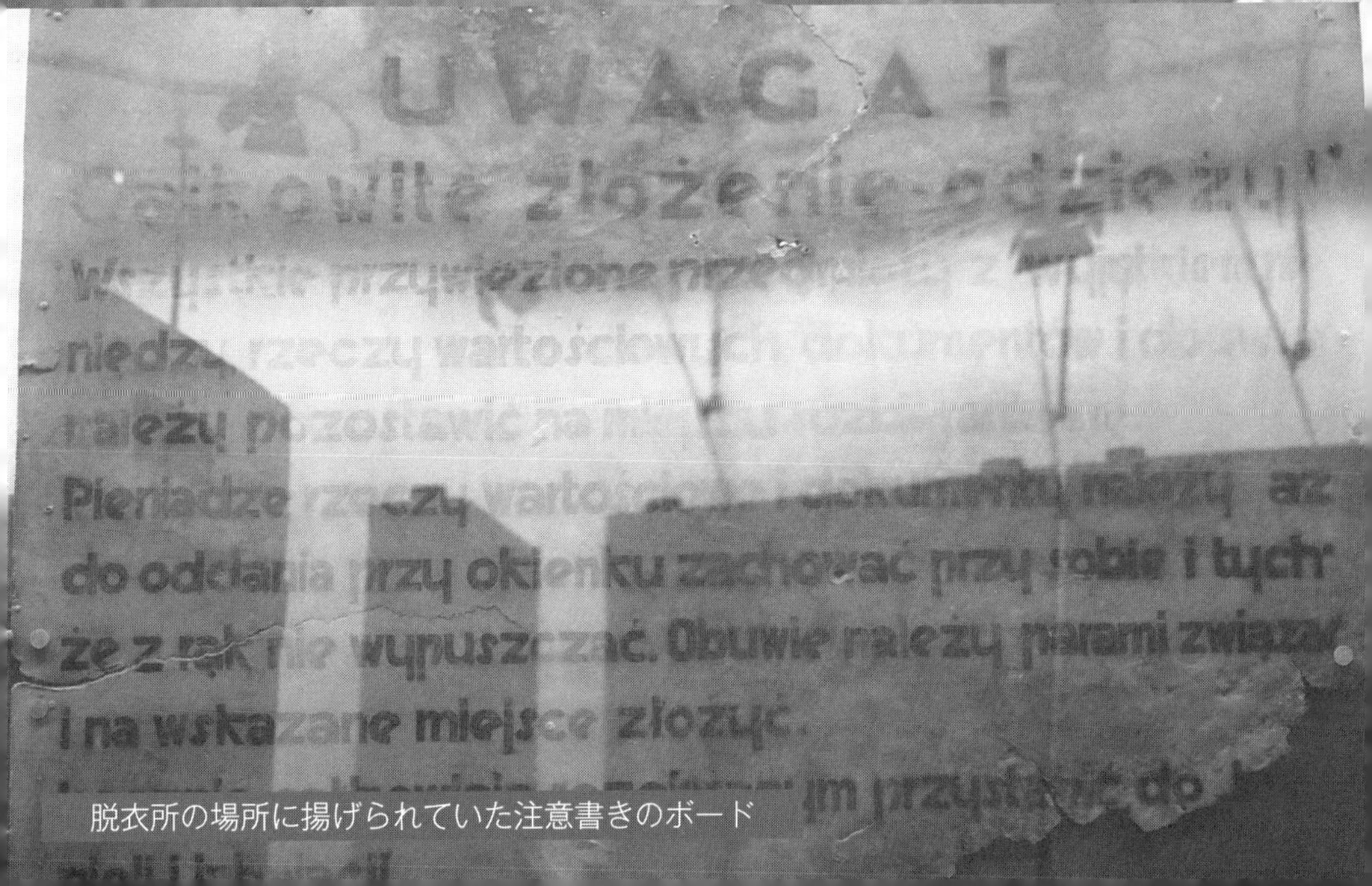

脱衣所の場所に揚げられていた注意書きのボード

しゃるかと思いましたが、私はどうしても、ここから展示を始めたかった。

戦争前、彼らには生活があった。家族もいた。その普通の暮らしが戦争によって、ナチスによって奪われ、命まで奪われたのだということを分かっていただくためにも、これらの写真を飾りたかったのです」

館長の熱い思いがじんわり伝わってくる。

移送されて来たユダヤ人たちが大事に持っていた、以前暮らしていた場所で撮った写真。ほとんどが笑顔で写っている。その写真をくぐるようにして、スロープを降りると地下が展示室だ。

ナチスの時代のポーランドと、ナチスが繰り広げた数かずの蛮行が、ベウジェッツという視点から簡潔に紹介されている。

一体、どんな時代だったのか？　なぜ、どうして、このような悲劇は起きたのか？

1939年9月1日、ドイツはポーランドを侵略した。支配下におかれたポーランドには、ドイツで行なわれていたユダヤ人迫害の法律が、そのまま持ち込まれ適応されていった。ルブリン総督府はその先頭に立ち、ここでのユダヤ人への迫害に、いっそうの拍車がかかった。

貴重品の預かり証

壁には、ヨーロッパ各地からここへ運ばれた人びとの国名と人数、そして、日付が書かれたリストが張ってある。

犠牲者をガス室に誘導する際に、彼らが使ったオリジナルのボードもボロボロの形で残されていた。そこには、シャワーを浴びるために、ここで靴や服を脱ぎ、ここで貴重品を預けて、など、事細かな指示が書かれている。

なんと、貴重品の預かり証として使われたという、半円形のかけらも陳列されていた。ちゃんと番号まで刻んである。シャワーを浴びて戻った時、この半分を示せば、貴重品は戻ると言いくるめたのだろうか。

隣りには、ガス室の天井につけられていたと思われるシャワー・ヘッドが置いてあった。かなりの大きさだ。

博物館によると、こうしたナチスの遺品といえるものが、4000点近く残されていたという。

全てが焼かれ、消されたはずの跡地のどこから、このようなものが発見されたのか定かではない。死体の処理や建物の取り壊しに躍起になった末、どこかに置き忘れられたままだったのか？ ただ、収容された人びとの遺品の展示は少なかった。

תזמורת מחנה יאנובסקה, שניגנה בזמן
שהאסירים יצאו לעבודת כפייה ובשובם.
Orkiestra obozowa z obozu przy
ul. Janowskiej
Members of the Janowska camp
orchestra
National Archives and Records Administration, College Park, Maryland

ヤノスキの音楽隊

壁に張られた古い写真の中に、ヤノスキという収容所の音楽隊の演奏風景があった。ベウジェツにあった音楽隊は、このヤノスキから送られて来た人たちによって再編成されたとみられている。

ナチスは音楽の持つ力をも、自分たちの強権支配の道具として利用した。

アウシュビッツ強制収容所にあった音楽隊は、朝夕、労働に出る収容者の送り迎え時に演奏させられた。ベウジェツの音楽隊は、ガス室で苦しみ叫ぶ人たちの声を、かき消すために演奏させられたのだった。

レーダーは書いている。

「私たちは、少し前まではまだ生きていた人たちの体を、大きな集団埋葬用の穴に引きずって行った。その間ずっとオーケストラが演奏していた。朝から夕方まで演奏は続いた」

展示室の一番奥に、400へーベーほどのガランとした部屋がある。重いドアを開けてはいると、薄暗い照明がついていた。何もない「無」の部屋。

むき出しのコンクリートの壁をノックすると、グワーンと大きなこだまが返ってきた。

ここで殺された人びとの無念の思いをどう表すか、博物館のメンバーみんなで知恵を絞った結果、作られたという部屋だった。

静寂の中に、じっと身を置いて耳を澄ましてみる。ここで何が起きたのかを、もう一度考えてみよう。そして、記憶するのだ。

一人でも多くの人に、ここで何があったのかを伝えよう。世界が再び同じような過ちを繰り返さないために。

そんな思いが湧いてきた。

ベウジェツ博物館へは、世界各地から年間3万人ほどが訪れている。しかし、アジアの国からの訪問はまだないそうだ。私が訪ねた

夏休みになると、ヨーロッパ各地の若者たちが訪れる

日、若者のグループや先生に引率された学生たちの姿があった。

第 4 章

絶滅拠点へウムノ

今もとうとうと流れるネル川

話題の映画で

この場所に立つと、ずっと前に見た、クロード・ランズマンの映画「ショアー（SHOAH）」の冒頭シーンが鮮やかによみがえってくる。

生い茂る緑の樹樹の間をぬって、今もおだやかに流れるネル川（ナレフ川ともいう）。じっと眺めていると、映画で見た、川をさかのぼる小舟の上シモン、スレブニクの歌声が聞こえてくるような気がする。

第二次世界大戦期のナチスによるヨーロッパユダヤ人の絶滅がテーマの超大作で、ここにあったヘウムノ絶滅収容所からの生還者、たった二人のうちの一人、シモン・スレブニクの回想から始まる。

映画は、日本でも公開され大きな話題を呼んだ。今もその感動が忘れられない人も多いかもしれない。私の脳裏にも、その時、35万人余りの人びとが、無残にも殺された絶滅の村ヘウムノの名前が刻み込まれた。

ここポーランドの南東部、川べりの村ヘウムノ（ドイツ名クルムホーフ）は、1941年11月、ナチスによってユダヤ人絶滅の場所とされた。

1943年4月、いったん閉鎖されたが、再び1944年6月26日から1945年1月、赤軍（当時のソ連軍）によって解放されるまで利用されるという運命にあった。

2005年の夏、マイダネク博物館のグゼゴシュ・プレヴィクさんは、私をベウジェツ、ソビブル、トレブリンカという3つのユダヤ人絶滅収容所とともに、この場所へも案内してくれた。

ここはルブリン総督府で、ラインハルト作戦が実施される前に、すでに稼働していた絶滅拠点だった。

プレヴィクさんは、その時、ベウジェツなど3つの絶滅収容所と違って、ここは新たな収容所の建設は行なわれず、すでに存在していたパワッ（城、あるいは館の意）と、この森全体を使ってナチスが殺人の実験をやった場所だと話した。

「ベウジェッツが稼働する前に、ベルリンからT４作戦を手がけたクリスティアン・ヴィルトなどがやって来ました。彼らはここで、どうしたらもっと効率よく人殺しができるか、自動車の排気ガスを使ってのガス殺の実験を繰り返しました。

近隣のゲットーに押し込められていたユダヤ人たちが、その犠牲になりました。死体はこの森全体に埋められたのです。森全体がお墓と言えます」

と語った。

ヘウムノにある博物館の資料やプレヴィクさんの話を総合して歴史を辿ると、その始まりは１９４１年秋のことだった。

グゼゴシュ・プレヴィクさん

突然、ドイツ軍がこの村を占拠した。まず彼らがやったことは、この地方の知識人の虐殺だった。大学教授や医者、弁護士、法律関係者、学生など50人以上を村の原っぱに集め、射殺した。

それまで住んでいた住民は、ドイツ人の下働きをするために残された人以外は村から追い出され、川べりののどかな村は一瞬のうちに、ドイツ軍が支配する殺伐とした村に一変した。

その場所で、彼らは自分たちが思うがままに殺戮をくり広げたのだった。

教会もナチスに

ネル川沿いには、当時あった古い教会がそのままの姿で建っている。すぐそばにあった大きな館は、1944年に爆破され、今は跡地しか見ることはできないが、そこが殺戮の現場だった。

もちろん、館の住人も追い払われドイツ人が占拠していた。ベウジェツなどと同じように、周りは幾重にも木木や板で囲われていて、中で何が行なわれているか見えないようになっていた。

戦争が終わった時、15歳だったという、館の隣の家に住み、母親とドイツ人の下働きをさせられていた、ゾフィア・シャウエックさんはこう回想している。

「占領が始まった時、ドイツ人が館の住人を追い出し、館の周りを全部、柵で囲いました。そこにゲットーが作られているという噂が広がったけれど、実際に何が起こるか誰にもわからなかった。

中で何をしているかわからないように、館の高い柵は木材の丈夫な板で作られていました。それからしばらくして、何台ものトラックが館の前に列をなして並んだのです。

それから何があったか、私は知らない。でも、館の中に押し込められた彼らのひどい叫びを私は聞きました」（戦後１９９６年、アメリカのホロコースト記念博物館が行なったヘウムノ町民からの聞き取り調査から）

ヘウムノでの殺人の手順はこうだった。

列車やトラックなどを使って移送されて来た犠牲者たちは、まず

ネル川と教会

この館の中庭に入れられた。

少し高いところに、医者のような白衣を着た人物と、館の主かと思われるような格好をした２人の人物が立っていて、お決まりの演説をしたという。

「あなた方は、これから村で農業をするか、ここらの敷地で働くか、あるいは他の土地へ行って働くかする。でも、その前にシャワーを浴びる」と。

ナチスがどこの収容所でも繰り返してきた、このようなうそっぱちの演説がここでも行なわれていた。

演説が終わると人びとは、館の地下室の大きなホールで服を脱がされ、持ち物すべてを残し、矢印の示すシャワー室と思しき部屋に追い込まれた。

そこはガス殺用の車の中だった。天井にはシャワーの出る器具があり、暗めの電燈もついていて、人びとは何の疑いも持たなかった。

だが、人びとが中にはいり終わるとドアが閉められ、運転手がエンジンをかけると管を通じて、排気ガスが室内に充満した。

車は、ヘウムノから4キロ離れたジュホフスキの森に向かって走った。約20分後、待機していたユダヤ人の作業部隊が、あらかじめ掘っておいた墓穴に、死体を車から引きずり出して埋めた。

こういう人殺し作戦が連日連夜、続けられたのだった。


ゾフィア・シャウエックさんの話は続く。

彼女は牛飼いをしていて、その牛は特に教会と館の間にあった牧草地の草が好きだった。いつもそこにいる〝牛を連れた少女〟を、ドイツ人は危険な存在と見なさなかった。

彼女は、子どもの好奇心から、大人が近づけないような所へもはいり込み、さまざまなことを見ていた。

それは、シャウエックさんが藪に隠れて、館の柵の隙間から中を覗いていた時のことだった。

土地の人が〝黒い悪魔〟と呼んでいたガス殺に使われた車

ジプシーやロマ人も

「私は、その車に人びとが押し込められ、ドアが閉められるのを一度だけ見ることが出来ました。

するど、耐えられないような泣き声が聞こえてきました。この叫び声は、本当に、もう、世界が終わるような叫びでした。そのことがあった後、私には二度と柵に近づいて中を見る勇気がありませんでした」

人を殺すために使われていた車は、シャウエックさんたち住民に〝黒い地獄〟と呼ばれていた。

1928年にヘウムノに生まれたザビナ・ヴォユトチャックさんは、館からの叫び声や恐ろしいうめき声とともに、悪臭を覚えていた。同じ聞き取り調査に、「それは窒息するほどの悪臭だった」と語っている。

そして、彼女を驚かせたのは、殺された人びとが残した服などいろんなものが館の窓から投げ落とされ、いくつもの大きな山ができていたことだった。

「大量の鍋や食器類、スーツケースなども乳母車で教会へ運ばれました。教会に、窓に鉄格子のある部屋があって、そこでは金細工師が働いていていました。ゲシュタポは金を全部そこへ運んでいました」

殺したユダヤ人から奪った金歯や貴金属品などが集められ、加工されていたのだろうか。

この皆殺し拠点での犠牲者は、推計35万人に上るといわれている。まず近隣のコウォ、ドンビエ、イズビツァなどのゲットーに押し込められていたユダヤ人たちが殺害された。

１９４２年になると、ウッチ・ゲットーのユダヤ人やジプシーたち、はるばるドイツ、オーストリア、チェコ、スロバキアなどから移送されて来た人びとが殺されている。ユダヤ人だけではなかった。ロマ人やソ連軍の捕虜なども含まれていた。

殺人者らを悩ませていたのは、驚くほど大量の犠牲者の死体処理だった。

広大な森のあっちこっちに豪を掘り、埋めていった死体置き場はすぐに満杯になった。そうこうしているうちに腐り出し、抑えようのない異臭を放つようになる。

彼らは何よりチフスなどの伝染病の発生を恐れた。爆弾で壕ごと爆破することも実験したが、飛び火で森が燃えたりしてうまくいか

ジュホフスキの森

なかった。結局、彼らは埋めた死体を掘り出して焼いた。

初めは死体と木を交差させて積みあげて焼いてみたが、思うようにはこばなかったことから、焼却炉という考えが出てきたと推測されている。

考古学的な発掘作業の結果、ここには多数の焼却炉があったと考えられている。細かい骨は削って、粉にして肥料として使い、大きい骨は粉挽き機で砕き、ネル川へすてられた。

ここで使われた粉挽き機は、のちにアウシュビッツへ引き継がれたと聞いた。ここは死体処理でも実験場だったのだ。


絶滅の場所として使われた館は、1943年4月、SSの手で爆破された。同年4月、館の閉鎖が決まり、ガス殺の車は他へ移動し、焼却炉もストップしていた。

そこへ大量の人びとが送り込まれてきた。この人びとをどう処理するか、現場は混乱を極め、結局、移送者全員を館に押し込め、館

爆破された館の跡地

遺された遺品

ごと爆破するという方策がとられたのだった。

今日、私たちは、その館の地下の部分を実際に見ることができる。周りを鉄の柵で囲われた無言の証人の隣りには、見事な枝ぶりの樫の大木が葉を広げていた。この木もまた、ここで何が起きたかを目撃し続けた1本だった。

ヘウムノは、ワルシャワから西に120キロほどのところにある。ポーランド第2の人口を持ち、ユダヤ人が多く住んでいた町、ウッチの近くだ。

ユダヤ人のゲットーがたくさんあり、鉄道の便がよく、2つの川がある。その上、沼地で広大な森もある。囚われ人がたやすく逃げられないようなここの地形は、ナチスにとって、願ったり叶ったりの好条件だったに違いない。

今回、2017年7月、ワルシャワから鉄道でヘウムノにはいることにした。

日程の関係で、一番近いコウォ駅に出て、そこからタクシーで午前中にヘウムノに着くために、私たちはワルシャワ発、朝6時の急行列車に乗り込んだ。

めずらしく冷房のきいた列車で、快適な旅のはずだったのが、途中で思わぬアクシデントに見舞われた。その方向への鉄道が寸断されていると言うのだ。2、3日前の豪雨で橋が流されたためらしかった。

ポーランド語しか通じない小さな駅に降ろされ、ちょっとはらはらした。だが、同行の森川明木さんの奮闘もあって、一時間後には振替輸送のバスに乗ることができ、お昼前には予定通りコウォ駅に着くことができた。

コウォ駅からタクシーで走ると、すぐ森の中の道に出た。ポーランドの森は深い。ここの森もソビブルやトレブリンカのように、果

コウォ駅

てしない広がりを思わせた。

20分ほどで右手に大きな石のモニュメントが見えてきた。ヘウムノの慰霊碑だ。２００５年に来た時と比べて、全体が見違えるようにきれいに整備されていて、まるで公園のようだ。

２００５年当時、このジュホフスキの森の白樺林には、逃亡者を防ぐために張り巡らされていた有刺鉄線の残骸が、そのまま、ぶら下がっていた。

遺体を焼いた炉があったとみられるところには、無数の人骨が転がっていた。初めはそれが何なのか、私にはわからなかった。

砂地の中に小石のカケラのようなものが、きらきら光って見えた。何だろう？　両手ですくい上げてみて、初めて人骨だと分かった時、膝の力が抜けたようになった。

その場所も夏草できれいに覆われ、あちこちに慰霊碑が建っていた。

チェコの子どもたちも

ここには、コウォ駅から1本の引込み線が引かれていた。ヨーロッパ各地から送られた人びとはコウォ駅で移送貨車から降ろされ、引込み線を走る小さな貨車でヘウムノへと運ばれたのだった。

その線路は1960年代に廃止され、広びろとした田んぼの中に長い間放置されていた錆びた線路の跡も、今は辿るのはむずかしいほどだった。

森のあちこちにある無数の石碑は、ここで命を奪われた人びとの遺族や関係者が思い思いの形で建てたものだ。

子どもたちのための慰霊碑もあった。1942年9月、ウッチ・ゲットーから約2万人の子どもたちがこの場所に運ばれ、命を絶たれていた。

なんと、チェコのリディチェ村の82人の子どもたちも、ここへ運ばれていた。

リディチェ村は1942年5月、ユダヤ人絶滅作戦の主役の一人、ラインハルト・ハイドリヒが首都プラハで、連合軍落下傘部隊に暗殺されたことを機に、ヒトラーの激しい報復作戦を受けた悲劇の村である。

住民の一人が暗殺グループに協力したという疑いのもと、ゲシュタポなどが村を襲い、その日のうちに、15歳以上の192人の住民男性を、村の広場で射殺した。村は焼き払われ、村の名前も地図から消されるという残虐な見せしめだった。

女性と子どもたちは、ドイツのラーベンスブリュック収容所へと送られた。


私は、このリディチェ村を2001年の夏、訪れ、ラーベンスブリュックからの生還者の痛恨の話を聞いた。戦後、よみがえった村の記念館いっぱいに犠牲者の顔写真が展示され、こんもりとした塚の上には、2度とこの地に帰ることのできなかった82人の子どもたちの像が建っていたことを、よく覚えている。

その子どもたちの消息を、まさかヘウムノで知ることになるとは……。はるばるこんなところまで運ばれて来て、命を絶たれなければならなかった子どもたち。

思いは、未だ戦火の中で命を脅かされながら生きるシリアの子ど

ヘウムノ博物館

博物館の傍にも、犠牲者を悼む石碑がある

もたちと重なった。

爆破されたヘウムノの館のすぐ側に平屋建ての小さな博物館がある。

館内には、コウォからの引込み線上にあった小さな駅に、人びとが降ろされている写真や、戦前のネル川の写真、ウッチのゲットーからの移送者数を書いた表、当時、使われていた労働許可証など歴史がわかる資料が置いてある。

その中に、村役場に勤めていたポーランド人、スタニフスカヤさん夫妻の写真があった。

ここで何が行なわれているのかをワルシャワに知らせた人だ。その情報は、ロンドンのポーランド亡命政府へ無事に届いた。しかし彼自身は、ドイツ軍に捉えられ、教会と館の間の谷間で射殺され、妻はウッチのゲットーに送られたまま行方知れずとなったという。

今日、私たちがヘウムノの証言として読むことのできるものの中に、この人の送った資料もあると、プレヴィクさんに聞いた。

このような人びとの命をかけた活動が、歴史を今日につないでいるのだということを、あらためて実感した。

私たちもまた伝え続けなければ……。

エピローグ

長い間、書かなければ、ナチスのユダヤ人絶滅作戦の真実について書くことは、そのことを知った私のジャーナリストとしての使命だ、と思いながらも、なかなか書くことができなかった。

その一端をこのたび皆さんにお伝えできることを心から嬉しく思うとともに、たくさんの力を貸していただいた方がたに、心からお礼を述べたい。

また、この機会にこの間の取材の中で出会った、マイダネク博物館の生き生きと歴史と向かい合う若者たち、私の背中をドンと押した彼らのことを、皆さんにぜひ紹介したいと思う。

その一人、マイダネクのクバ君こと、ヤクバ・フミエレフスキさん。彼は同博物館の科学部門で働いている。180センチをはるかに超える長身で、並ぶと私は彼の肩までも届かなかった。

「僕は今とても幸せです」——開口一番そう言って、私を驚かせた。現在、取り組んでいるユダヤ人虐殺の歴史を掘り起こすという仕事が、本当にやりがいあると言う。

「ナチスは僕らが住むこの地方で、170万人にも上る人びとを殺しました。いま僕たちは、彼らが消し去った一人ひとりの記憶を今日に蘇らせることに取り組んでいます。

一見、地味な仕事のようですが、調査するたびに新しい発見があります。歴史の真実と向かい合っているのですから、本当にワクワクします」

彼は少年の頃から、ユダヤ人の歴史や生還者の証言などを聞くのが好きだったと言う。

でも、直接的にこういう問題に関わりたいと思ったのは、大学のゼミで行ったアウシュビッツ強制収容所への、研修旅行がきっかけ

ヤクバ・フミエレフスキさん

だった。

ポーランドに生れながら、初めて訪れたアウシュビッツで彼は、殺人工場と呼ばれた、その場所の語る真実に圧倒され呆然とした。

そういう彼らに引率者の一人、マイダネク博物館のロベルト・クベウエク氏が親しく語りかけた。

「彼はすばらしい語り手でした。歴史をあまり知らない僕たちと、その場でアウシュビッツの歴史を共有できる人でした。その姿は、僕を引き

マイダネク博物館入口の巨大モニュメント

つけてやまないものでした」

そして、たまたま目にしたショックな情報が彼をいっそう駆り立てた。

グダニスクにある戦争博物館の調査で、ポーランドの若者たちの多くが自国で起きたナチスの犯罪について、ほとんど知らないというアンケートの結果だった。

「トレブリンカについては14パーセント、ベウジェッツが2パーセント、ソビブルに至ってはわずか1パーセントでした。ビックリしたけれど、かつての自分も同じようだったな、と思いました。

戦後のソ連支配の時代、この問題の研究はタブー視されていましたから。ですから若者たちに急いで、ここで何が起こったのかを知らせなければと思ったのです。ここでナチスがやったこと、それは僕らの責任ではないかもしれない。でも、ここであったことを知り、きちんと引き継ぐことは、僕らの未来にとって、とても大事なことと思うからです」

もう一人は、広報部に働くアンナ・ヴォイヴィッチさんだ。

マイダネクはアウシュビッツ強制収容所に次ぐ規模の、ナチスがポーランドに建てた収容所で、大量殺害のためのガス室を持ち、博物館の推定では約8万人（内ユダヤ人が6万人）が犠牲になった。

解放後、いち早く国立の博物館となり、これまでに世界各地から

1000万を超す人びとが訪れている。その訪問者に、歴史を語り広大な跡地を案内するのがアンナさんの仕事だ。この仕事を選んだのはおじいさんの影響だと聞いた。

「小さい頃から、おじいちゃんがよくここで起きたことを話してくれました。こんな、人間としてあってはならない悲しいことが、二度と起きないように、私たちが歴史をきちんと知って、語り継いでいくことが大事と教わりました。それが歴史の勉強をするきっかけになったのです」

大学で歴史を学び、迷わず今の仕事についた。

マイダネクにはナチスが逃亡する時、破壊に失敗したガス室や焼却炉跡、囚われ人が住んだバラックなどが残っている。

また、犠牲者の靴やカバンなど大量の遺品もある。それを訪問者に説明しているうちに、とても辛くなることもあると。

「でも、みなさんが本当に真剣に聞いてくださって、知ってよかった、と言ってくださるのを聞くと、またがんばろうと思うのです」

アンナ・ヴオイヴィッチさん

これまで、ホロコーストの取材で出会う人びとに、正直、若い人は少なかった。

それがここ2、3年で大きく変わった。しかし、今回、ベウジェツ、ソビブル含めて、このマイダネク博物館のエリアで働く職員の70パーセントが2、30代と聞いて驚いた。

そう言えば、ベウジェツの館長もまだ30代と胸を張っていた。

これまでがんばってきた人たちの多くが年金生活にはいったため、というのがその理由らしいのだが、後継者がちゃんと育っているのはすばらしい。


マイダネク博物館には、かなり前から学生ガイド制度というのがあった。歴史に興味のある学生に、博物館で働きながら学んでもらうというシステムだ。

それを考えたプレヴィクさんは、よく「こんな過去の墓場のような場所ででも、若い人たちは自ら何かを感じたり、発見したりする能力を持っています。その力を借りて、ここを世界中の人びとに足を運んでもらえる場所にしたいですね」と期待を寄せていた。

そうした努力が今、実り始めているのかもしれない。

しっかり過去の歴史を学びながら、自分たちの未来につなげようとしている若者たち。その懸命な姿にわたしは勇気をもらった。

戦後70年以上も経っているのに、日本という国は、自国が行った侵略戦争についての処理すらちゃんとできないまま、再び戦争への道を歩もうとしている。

クバ君は別れ際、その日本についてこう言った。

「日本はヤバイ方向に向かっていませんか？　憲法を変えて自衛隊を海外に出そうとしていますよね。日本もロシアもドイツと違って、あの戦争を反省していないから、僕らも心配なのですよ。日本の若者はこういう問題をどう考えているのでしょうか？　話し合いたいな」

多くの日本人にとって、ヨーロッパにおけるユダヤ人の虐殺は、自分とあまり関係ないこと、と感じることなのかもしれない。なかには私の友人のように、こんな怖いことをどうして読んだり聞いたりしなければならないのと、言う人もいる。

だが、いまだに世界ではさまざまな紛争がある。戦火の中、故郷や家を追われた大量の人びとが難民となり、国を逃れ、行き場を失い、命まで脅かされている。

私たちの住む日本には、こうした死の恐怖と隣りあわせの生活はない。しかし、いじめによる子どもの自殺や障害を持つ人びとへの差別、心ないヘイトスピーチの増加など、心痛む出来事は相次いでいる。

ユダヤ人大虐殺は、ナチスのユダヤ人へのレッテル貼りから始まった。自分たちと異質な者を差別し、じゃまなものは取り除いていくというホロコーストの芽は、今も存在するのだということを私たちは忘れてはならない。

　偏見と憎しみの行き着く先から目を背けるな、過去に目をつぶってはいけないと、ベウジェツは私たちに呼びかけている。

※

謝辞。

ずいぶん長い時間がかかりながらも、この本をまとめることができたのは、「ぜひ書いてください。多くの人に知らせてください」と、私を絶滅の場所へ案内してくださったグゼゴシュ・プレヴィクさん、あなたの歴史の継承にかける、したたかな思いがあったからこそ。その思いを共有できたことは私の大きな喜びです。

そして、ベウジェツ 博物館のトマシュ・ハネイコ館長。貴重な時間を、ともに歴史をたどってくださった厚意に心よりのお礼を。

ベルリン工科大学反ユダヤ主義研究センターのヴォルフガング・ベンツ所長と、ワルシャワのユダヤ史研究所のアンジェイ・ジビコフスキ博士には、たくさんのことを教えていただきました。

ベンツ所長の「どんどん時代が進み、いまは歴史を次の世代に伝えていくということがとても難しいのだけれど、それをするのは、あなたたちジャーナリストや我われの役目です」という言葉、とても励まされました。

「ベウジェツ からの生還者ルドルフ・レーダーの手記は、私の仕事の先輩で年来の友人でもある、大高節三さんの助けで読むことができました。あれから10年もたってしまいましたが、協力に感謝するとともに、レーダーの貴重な証言を、日本の人びとへ紹介できたことを何より嬉しく思います。

ポーランド在住の森川明木さん。ドイツ在住の鶴木泰子さん、ハイケ・ブラウエルトさん。ホロコーストの取材には欠かせないあなたがたのサポートに、今回もまた大いに助けられました。本当にありがとうございました。

最後になりましたが、東銀座出版社の塚田一未編集長、猪瀬盛さん、心を込めた本作りに感謝します。

（参考・引用文献一覧）

ヴォルフガング・ベンツ『ホロコーストを学びたい人のために』中村浩平・中村仁訳・柏書房
フェリクス・ティフ編著『ポーランドのユダヤ人』阪東宏訳・みすず書房
ヤン・カルスキ『私はホロコーストを見た』吉田恒雄訳・白水社
ヤニック・エネル『ユダヤ人大虐殺の証人ヤン・カルスキ』飛幡佑規訳・河出書房新社
クロード・ランズマン『SHOAH（ショアー）』高橋武智訳・作品社
ギッタ・セレニー『人間の暗闇』小俣和一郎訳・岩波書店
ラウル・ヒルバーグ『ヨーロッパ・ユダヤ人の絶滅』望田幸男他訳・柏書房
マイケル・ベーレンバウム『ホロコースト全史』芝健介監修・創元社
マルセル・リュビー『ナチ強制・絶滅収容所』菅野賢治訳・筑摩書房
ローネン・シュタインケ『フリッツ・バウアー』本田稔訳・アルファベータブックス

ヨッヘン・フォン・ラング編『アイヒマン調書』小俣和一郎訳・岩波書房
ルドルフ・ヘス『アウシュビッツ収容所』片岡啓治訳・講談社学術文庫
ロベルト・ゲルヴァルト『ヒトラーの絞首人ハイドリヒ』宮下嶺夫訳・白水社
望田幸男『ナチス追及』講談社現代新書
大澤武男『ヒトラーとユダヤ人』講談社現代新書
大澤武男『ヒトラーの側近たち』筑摩書房
梶原衛・渡辺克義『ワルシャワ通信』彩流社

略歴
大内田《おうちだ》わこ
ジャーナリスト
著書に『ガス室に消えた画家—ヌスバウムへの旅』（草の根出版会）、『ダビデの星を拒んだ画家　フェリックス・ヌスバウム』（光陽出版社）、『ホロコースト女性６人の語り部』（東銀座出版社）など。

『ホロコーストの現場を行く　ベウジェツ・ヘウムノ』

2018年6月26日　第1刷発行

著者　大内田わこ
発行　東銀座出版社
〒171-0014　東京都豊島区池袋3-51-5-B101
TEL：03-6256-8918　FAX：03-6256-8919
https://1504240625.jimdo.com

印刷　モリモト印刷株式会社